# RÖRLIGHETENS GRÄNSER

*Av Kicki och Gunnar Lidén:*

Ett dussin russin  2007
Sånger från balkongen  2014
Grekiska Livstycken  2016
Ostmästaren i Poligny  2019

*Av Gunnar Lidén*

Under tamarisken  2016
Grekisk sallad  2017
Halvt kilo rött  2017
Omvägar hemåt  2017
Körsbärsträdet snöar  2018

Texter, teckningar och layout: Gunnar Lidén 2019
Omslag och grafisk form: Gunnar Lidén
© 2019 Lidén, Gunnar
Förlag: BoD – Books on Demand, Stockholm, Sverige
Tryck: BoD – Books on Demand, Norderstedt, Tyskland
ISBN: 9789176993323
Kulturstugan
Olsätersgatan 116
65468 Karlstad

gunnar@kulturstugan.se
www.kulturstugan.se

# RÖRLIGHETENS GRÄNSER

Dikter och teckningar

Karlstad 2018-2019

GUNNAR LIDÉN

KULTURSTUGAN

# Innehåll

# Förord

*Rörlighetens gränser* handlar om att inte fastna i gamla hjulspår. Färdigheter behöver hållas igång. Jag övar på att teckna och skriva. Några streck varje dag. Några ord därtill. Att hålla på är viktigt för att inte stelna och stanna i det som var en gång.

Övningarna handlar också om att väcka liv i en kropp som håller på att bli äldre och stelare. Vi är en grupp svettiga seniorer som träffas några gånger i veckan. Då blir vår Lifebox en ställplats. Rörlighet måste övas när man närmar sig sjuttio. Gränserna finns där för vad som bygger upp och vad som förstör hälsan.

Med vår lilla husbil Hildur tar vi oss till platser som vi inte ens visste om innan vi gav oss ut på vägen. Med en husbil är vi rörliga på ett sätt som inte kräver att hotell bokas i god tid före avresan. Rörlighetens gränser flyttas med en rullande bostad.

Det är en konst att våga improvisera och ta dagen som den kommer. En dag blir ett äventyr när vi låter livet leda oss dit vi inte hade planerat. Det är praktiskt att ha huset med sig på vägen. Vi tar oss ut på de smalaste vägarna och in i de minsta byarna. Där finns det nästan alltid en liten trevlig ställplats.

*Karlstad i juli 2019*

*Gunnar Lidén*

## Hus på hjul

Somliga fordon har full ståhöjd,
med ljusinsläpp och myggnät.
Från matbordet till sängkammaren
passerar jag köket och badrummet.

Några fraktare tar sig fort fram
på de stora vägarna mellan städerna.
Andra hjulhus väljer de mindre byarna
som inte står med på turistkartorna.

Grekisk godsbil heter metafor.
Den bär något inom sig till någon.
Kanske bär den människor
som vill föras till nya möten.

Nomaden i mig väljer andra vägar,
än de där jag alltid brukar färdas.
Någon väntar på att jag ska komma,
men vet inte årstid eller väderstreck.

## Inom räckhåll


Hildur är en liten värld
med bara det viktiga
för några dagar i taget.
Resten kan stanna hemma.

Allt som vi behöver
finns inom räckhåll.
Färre saker att hålla reda på
gör livet mycket enklare.

Så mycket tid jag lade ner på
att leta efter bortlagda saker
utan att hitta det jag saknade
och glömde vad jag sökte.

# Älvbad

Gubbholmen i kvällningen.
Vi badar i Älva på väg hem.
Huvuden guppar längs stränderna.
Vattnet svalkar efter en varm dag.

Med lugna armtag styr vi mot Skived,
älven vill föra oss till Vänern.
Vi håller jämn fart med älven,
rör oss varken fram eller tillbaka.

Så ligger vi länge kvar i flytläge
medan solen går ner bakom Klara.
Från balkongerna hörs middagsprat.
Denna sommar vill ingen vara inomhus.

## Skor

1968 tog jag körkort och Christer hade bil.
Vi for till Stockholm och köpte skor
som inte fanns hos Sundelöfs i Årjäng.
Naturligtvis rökte vi i bilen,
fyllde askkoppen med billiga Blendfimpar.

Halvvägs till huvudstaden stannade vi i Arboga,
för en snabb lunch på Nalles restaurang.
Efter Södertälje var det motorväg.
Gula halogenlyktor lyste upp de fyra filerna.
Hastighetsskyltarna skrek hundratretti!
Vi tolkade det som att det var en uppmaning
att köra så fort som vi bara vågade.

När vi kom hem gick vi omkring i skor
som fick oss att känna oss väldigt unika.

## Till Paris

Vi köpte en gammal folkabuss,
skruvade fast en radio under biltaket,
lackade om, satte ett peacemärke fram
och satte kurs mot Paris.

Studentrevolten -68 var motorn
för Håkan, Berit, Titti och mig.
Vi ville uppleva den stora förändringen.
Mitt i kartboken lyste Paris.

I Arvika gick bilen som en Ferrari
men folkabussen var halvdöd
redan innan vi kom till Göteborg.
Motorn hackade ombord på färjan till Kiel.

## Hamburg

På färjan från Göteborg till Kiel
träffade vi en som hade kontakter.
Han bad om lift söderut och ville hjälpa oss,
gav oss rådet att inte betala för dyrt.

I ett mörkt garage i Hamburg
fick vi nödhjälp att byta motor.
En kompis till en kompis fixade billigt begagnat.
Auto-Kai löste alla problem mot betalning.

Folkabussen gick som en Porsche i fem mil.
På autobahn började det ryka in under baksätet.
Vi ringde efter assistans i en gul vägtelefon.
En polis stannade och konstaterade:
-Ganz kaputt!
Auto-Kai såg vi aldrig mer.

# Autobahn

Bärgningsbilen livräddade oss till en verkstad
där nytt hjärta transplanterades in i vraket.
Reskassan krympte liksom drömmen om Paris.
Skinande blank spann den nya motorn längst bak.

Vi anade att besöket i Paris skulle bli kort.
Värmen och trafiken tilltog på resan söderut.
Gauloises utan filter och en kopp espresso
blev ingången till vårt franska besök.

John Lennon och Pablo Picasso rökte samma märke
De korta tjocka filterlösa cigaretterna
med svart och stark turkisk tobak
gjorde att vi kände oss hemma på något vis.

# Paris

Paris sommaren 1969 var hett
som topplocket på motorn i vår folkabuss.
Vi körde vilse och tyckte att trafiken
i den franska huvudstaden var värre
än på Kyrkogatan i Arvika.

Studentrevolten i den franska huvudstaden
lyste med sin frånvaro i värmeböljan.
Ingen orkade demonstrera mot orättvisor
och vi hade våra egna problem att lösa.

Trötta och fattiga drog vi västerut
till kusten och det svalkande havet.
Amsterdam hade vi bara hört gott om.
Där mötte vi regnet och kylan.

# Amsterdam

Amsterdam 1969 doftade söt rök från caféer,
grillad kyckling från kinesiska mathak,
rutten fisk från de många kanalerna,
stenkol och råolja från pråmarna.

Frusna värmde vi oss med rom i temugg,
mötte ungdomar från jordens alla hörn
som ville uppleva det frigjorda Amsterdam.
Vi sökte ett samhälle med färre regler.

Vi ville känna oss mer vuxna än hemma.
Och samtidigt ville vi inte bli som andra vuxna.
Cognac köpte vi med hem till Budda-Johansson
som hjälpte oss att lacka om folkabussen.

29

# Köpenhamn

Till Köpenhamn kom vi fram sent på kvällen.
Letade efter en lugn och tyst plats
för nattparkering och en lång vila nästa dag.
I mörkret såg vi inte parkeringen tydligt.

Väcktes av trumpeter och vrål
från vilda djur runt folkabussen.
Hade vi kört så fel och hamnat i Afrika?
Nej, vi stod bredvid det höga stängslet
till det berömda Zoo i Köpenhamn.

Det blev för mycket av det vilda
och vi var inte alls inställda på safari.
Styrde norrut mot Helsingør
och hoppades slippa se fler elefanter.

## Damkläder

-Tullen blev vårt Waterloo.
En ynka flaska holländsk rom
hade vi köpt som medicin mot kylan.
Vi visste att vi inte hade åldern inne
för att ta med spriten genom tullen.

Så vi packade om vårt bagage.
Två unga damer promenerade av färjan
från Helsingør med spriten i handväskan,
oskuldsfulla med en listig plan i sinnet.

Men hur tänkte vi då?
Tänkte vi över huvud taget?
Kvar i folkabussen fanns ju allt det andra.
En resväska full med damkläder
för två nittonåriga killar.

# Tull

Två nittonåriga killar körde på grönt;
"Inget att förtulla".
Naturligtvis blev vi stoppade och kontrollerade.
En sprillans ny motor.
En flaska gammal cognac.
En väska full i damkläder.
Vi suckade; -nu åker vi fast.

Då stängde tullaren lugnt våra väskor
och vinkade glatt iväg oss in i Sverige.
Kärnan i Helsingborg var mötesplatsen
där tjejerna väntade med handbagaget.
Vi märkte inte att tullen skuggade oss.

# Kärnan

Känslan av att något inte är som det ska
fick oss att bli nervösa och stressade.
Vi körde fel och vände om innan vi nådde fram
till mötesplatsen vid Kärnan i Helsingborg.
Där väntade tjejerna på oss när vi kom som hjältar.

Storkram och lättnad över att vi klarat oss
utan problem genom tullen till friheten.
De korkade tullpoliserna gick ju att lura
hur enkelt som helst av oss ungdomar.

Mitt i kramandet kom en arm in från ingenstans.
En främling kom in i vår lyckliga fyrklöver.
I handen höll han ett ID och en tullbricka.
-Kan ni damer följa med till stationen!

Aldrig har solen gått i moln med sådant mörker.
Tornet som var vår samlingspunkt
kändes nu som ett fängelse utan utgång.
Vi hade aldrig föreställt oss så smarta tullare.

# Smuggling

Till tullstationen i Hälsingborg kom vi
med eskort av civilklädda snutar.
De misstänkte att vi gömt något i väskan.
Vår 80-procentiga stråhrom tömdes ut
i vasken hos Statliga Tullverket.

Vi slapp uppfostringsanstalt med en hårsmån,
klev in i Sverige som fria revolutionärer.
En av oss fick några pinsamma dagsböter
eftersom bilen stod registrerad på honom.
Storleken på boten var dock blygsam
eftersom hans inkomst var mindre än böterna.

Troligen är brottet preskriberat.
Skulden är betald med livserfarenhet.

## Hemväg

Åter igen gömde sig Atlanten, Nordsjön
och Kattegatt bakom granridån
när vi skumpade norrut mot Glafsfjorden.
Åkrar och skogar bredde ut sig i Dalsland,
sjöar och älvar glittrade i Värmland.

Nu bar vi den stora världen med oss
hem till vår lilla värld i Jösse härad.
Kartan hade ritats om från svartvitt till färg.
Tiden hade vridits runt ett helt varv.
Nu började den långa personliga resan
framåt till det motsträviga vuxenlivet.

# Kyla

Vägen till Svågadalen i Hälsingland
blir allt smalare och mindre grusad.
Plogbilen som skrapar fram ett slätt isgolv
ställer krav på dubbdäck och lätt fotbroms.
Varje möte är ett äventyr i vildmarken,
men det är säkrast att vinka till bilisterna.
Lokalbefolkningen känner kurvor och ortsbor.

I Västerstråsjö går vägarna in till centrum,
till Handlarn med macken för mat och bensin.
Allt det andra finns i skogen och sjön.
Därför stannar männen kvar i byn,
medan kvinnorna vill till Ljusdal och Bjuråker.

Vi utmanar vintern längs Svågan.
Hildur håller kylan ute trots minus 26.
Värmen mellan människor driver bygden
till möten mellan gammelbor och främlingar.

## Moseldalen

Vi cyklade motströms längs floden Mosel
en dag när vårbruket var i full gång.
De smala traktorerna hindrade bilisterna
när vi rullade fram på cykelvägen bredvid.

Vattenvägarna trafikeras av långa pråmar
med plats för vingar till vindkraftverken.
Cykelvägarna trafikeras av tyska pensionärer
på elcyklar som får sin kraft från bergen
där vindsnurrorna fångar den eviga energin.

Vi som trampar utan batterihjälp
får vår kraft från de storslagna vyerna.
Vinstockarna ansas och beskärs på branterna.
Rieslingvinerna i ortens WeinGut
smakar sol, skiffer och vänskap.

*Branta tegar*

Hon ville inte svara oss på tyska,
kvinnan som gick bredbent i sluttningen.
Hon log vänligt men hade inte något att säga.
Utan gästarbetare från grannländerna i öst
skulle inte familjeföretagen gå runt.

Vinodlingarna stupar brant ner mot Mosel
och maskiner klarar inte det kvinnan gör.
Med sekatören i hand skar hon kvistar.
De som blir kvar binds upp i rundlar
för att fånga solen och sötman.

Vinstockarna har också invandrat från syd
för att anpassa sig i det speciella klimatet
på skifferbergens sidor mot solen.
De har slagit djupa rötter i skifferjorden
där mineralerna och vattnet lagras.
Vinrankorna säger inte heller så mycket,
men de ger desto mer av goda skördar.

## Serpentiner

Serpentinvägarna som löpte upp på berget
såg omöjligt avlägsna ut nerifrån Mosel.
En liten traktor stånkade sig fram
på en väg som inte syntes men borde finnas.

Vi trampade våra cyklar upp mot toppen,
såg hela tiden nya vägar slingra sig
mellan vingårdarnas branta domäner.
Uppe på krönet låg en ölstuga utan betjäning.

Fyra herrar tog en paus i arbetet med en väg
och vi undrade om det fanns dricka att köpa.
De tittade på varandra och skrattade.
Vi förstod att utsikten var det som serverades.

## Pratstund

Cyklisterna trampar sakta i julivärmen,
håller ögat på mötande fotgängare,
och de som blöta springer över bron,
för att hoppa ner i älven från räcket.

Den varma sommaren har sänkt vattennivån
så att bara en ränna återstår av Klaran.
Sandbankarna växer dag för dag
och mitt ute i älven står solstolarna.

Han som försöker få cyklisterna att stanna
för en pratstund mitt i hemfärden
kan berätta om nya tropiska nätter.
Pausen fick cyklarna att smälta fast i asfalten.

## Skugga

Det amerikanska paret som besökte Karlstad
sökte skugga under ett litet paraply.
De hade hört att Sola i Kallsta var generös
men visste inte att hon var en servitris.

Medan solen lyste över staden vid vattnet
sökte sig turisterna ut mot Hammarö
där Vänerhavet öppnar sin vida famn.
Långväga besökare såg Sverige i miniatyr.

Vi såg samma par på kanalerna i Venedig.
Paraplyet skyddade mot solens hetta
och kameran förevigade gondoljärerna.
Åttio eruo för en halvtimme är dyrt.

Servitörerna i Venedig talar alla språk,
och tar betalt för att skryta om sin spagetti.
Sola i Kallsta talar bara värmländska,
men får alla att känna sig hemma i världen.

## Påfart

Färjeläget i Rostock har sina egna regler.
Rederierna samkör över Östersjön,
restiden till Trelleborg är sex timmar.
Det händer inte mycket och finns inget att se.

Utmaningen är att ta sig ombord på färjan.
Skyltarna säger ingenting om nästa tur
och vakterna dirigerar sin orkester av bilar
som om det inte fanns något partitur.

Vi försöker få ögonkontakt med inkastaren.
Raden av husbilar slingrar sig sakta framåt
och vi följer med utan att veta vart vi kommer.
Vårt kontrollbehov har upphört när vi bordar.

# Infrastruktur

Toscana är en magnet för turister
som vill uppleva de gamla byarna på kullarna
där stenhusen byggdes samman till en fästning.
Vi ser medeltiden genom kamerans objektiv.

De gamla byarna förändras av oss besökare.
Ett amerikanskt par handlar lokala viner
och vill betala med sitt elektroniska bankkort.
Kortet fungerar inte och kunden blir irriterad.

-Jag är ledsen, men vi har dålig internetanslutning,
säger butiksägaren på knackig engelska.
-Kan ni betala med kontanter så ordnar det sig.
-We have no cash, säger turisten surt och går.

De gamla byarna i Toscana är omoderna,
och det är nog därför som vi vill komma dit.
Italien finns bara när det är fotbolls-VM,
sa guiden som önskade bättre infrastruktur.

## Stambord

De har sitt eget stambord på Gasthof Stern.
Biergarten i Mittenwald är alltid fullsatt.
Ingen skulle våga sätta sig i herrarnas hörn.
Tyrolergubbarna har sina bayerska privilegier.

I Värmland dricker vi kaffe vid våra köksbord,
medan en ouzo på Kreta räcker flera timmar.
I Mittenwald fylls ölglasen på hela kvällen
när man har ett stambord och läderbyxor.

Vi stannar över natten i den lilla orten
där husen liknar dekorerade gökur på rad.
Hit kommer många för att köpa fiol och stråke,
och för att hälsa på gubbarna vid stambordet.

## Vind

Stenbrotten i Cararra lyser vita som snö.
Nere vid havet seglar kitesurfarna på vindarna.
Hydrofoilbrädan lyfter över vattenytan
och ger seglaren extra fart med draken.

Den flygande surfbrädan ser lika overklig ut
som Michelangelos David, huggen för hand
av de märkliga kristallerna i marmor från Cararra.
Det är en konst att behärska naturlagarna.

Lutande tornet i Pisa har också byggstenar
från de berömda marmorbrotten i Cararra.
Jordens dragningskraft drar i stenblocken.
Arkitekten borde ha testat en foilboard först.

# Gravitation

Plöja sin åker kräver modiga bönder
när tegarna faller som branta väggar.
Jord och fötter dras ständig neråt,
på väg till dalen, älven och floden.

Utsädet måste spettas djupt ner,
hållas fast med stolpe och klubba,
skörden stagas med rep och vajrar.
Gravitationen är största hindret.

Traktorerna klättrar som flugor,
larvbanden matar på med hästkrafter,
tröttnar aldrig, fäster i lösjorden.
Säden växer uppåt med lätthet.

# Vinprovning

Vi fick ett vinglas att hänga om halsen
och en lista över vingårdarna i Radda.
Chiantidalen har sin årliga fest på torget
där alla bjuder på det bästa från vinskörden.

Vinerna avsmakades efter tyngd och lätthet.
Markeringar gjordes för de vingårdar
som var värda ett besök nästa dag.
Glasen dinglade som hästarnas tornistrar.

De små vägarna som slingrade sig in
till de minsta vingårdarna på sluttningarna
var svårast att upptäcka men väl värda besök.
Vi luras lätt av de pampiga portalerna.

## Toscana

Stenhusen lutar sig mot varann
på en avlägsen kulle i Toscana.
Dagen är varm och vinet är svalt.
Kvällen kommer fort, syrsorna spelar.

Barägaren på Bar Uzzi klättrar på borden
för att fälla ner solmarkiserna
innan kvällsvinden börjar bråka med gästerna.
Ingen tycker det är konstigt.

Vi vet att Hildur väntar på parkeringen
med skön säng och vilsam vrå på berget.
Bar Uzzi håller öppet så länge gästerna önskar.
Vi beställer in kaffe och pannacotta.

# Volpaia

Vi hörde syrsorna spela i skymningen,
och åskan gnälla bortom bergen.
Vildsvin och hjortar väntade på tystnaden
när vinklasarna hängde mogna om natten.

Där stod vi under stjärnorna i andakt,
med kameran inställd på 30 sekunder,
för att fånga vintergatans lyktsken
över hopträngda medeltidsväggar.

Livet kan vara sällsynt tyst om kvällen.
Vi hör hjärtslagen från Chiantidalen
när de färggranna cyklisterna återvänt
till sina skavsår och muskelkramper.

## Ställplats

Det unga paret från Holland
kom morgontidigt till ställplatsen.
Backade in husbilen intill bryggan,
såg till att underlaget var plant.
Man ville ju inte ramla ur sängen
eller få kaffet i knät vid frukosten.

Båtarna som vinterförvarats på land
vårstädades och sjösattes en efter en.
Holländska vattenvägar väntade
längs tulpanfält och hyacintängar.
Lämnade plats åt sommarens husbilar
som beundrade kanalerna från land.

# Bakterier

Vi hjälpte till med att förklara eluttaget,
där vi kopplade in oss dagen innan.
Ingen ställplats är lik någon annan,
och vi hjälptes åt att förstå tekniken.
Tyskarna hade med sig eget elverk,
och dyra solceller på husbilstaket.

Båthamnen i Zwolle blev fullbokad,
grinden låstes klockan halv elva.
Vi undrar fortfarande hur vi hittade hit,
och varför vissa ställplatser är
personliga och trevligare än andra.
Vi måste ju inte fara vidare just idag.

Holländarna kom med vattenkannan,
fyllde på i den tomma färskvattentanken.
De hittade den enda dricksvattentappen
men litade inte på att slangen var ren.
Bakterier på resan är värsta fienden.
Långt hemifrån litade de bara på sig själva.

## Äldre paret

I takt med att båtarna sjösätts
blir det lediga husbilsplatser i marinan.
Vi får en mycket bra mottagning i Zwolle,
av en man som visar oss var vatten och el finns.

Ett äldre par parkerar sin stora husbil
på båtplatsen strax intill vår lilla Hildur.
De har alla bekvämligheter ombord
och behöver inte bekymra sig över något.

Parabolantennen snurrar och letar kanaler
men finner inga under trädet som skymmer.
Det äldre paret flyttar sin stora husbil
till en ny plats med bättre mottagning.

## Morgonbad

En av de sommarboende i Gerlesborg
har fäst en termometer vid badstegen.
En liten hög med kläder på sittplankan
säger att detta är nästan en privat badplats.

Och ändå är den öppen för alla
bara man sköter sig och inte ockuperar
bryggorna och klipphällarna.
Någon ordning måste det vara.

Vi får en trevlig pratstund med ett par
som bott här vid havet varje sommar
sedan de lärde sig simma för femtio år sedan.
De vill gärna veta hur vi hittat hit.

Man vill ha lite koll på vilka som simmar
och vilka som promenerar på bryggorna.
En del har fått för sig att allemansrätten
gäller även för båtar och motorer.

## Brompton

Vi behöver inte leta parkeringsplats
för våra små hopfällbara Bromptoncyklar.
De tar ingen plats alls utanför butiken
och vill vi så tar vi med dom in.

På nya platser vill vi färdas långsamt,
utan krav på hastighetsbegränsningar
eller förbud att stanna och begrunda.
Det tar tid att komma till ett nytt samhälle.

De dyra elcyklarna går allför snabbt.
Rädslan för att cykeln ska bli stulen
får somliga att se mer på cykeln än naturen.
Brompton ser med förvåning på världen.

## Nattparkering

Mot kvällen anländer husbilarna
till ställplatsen med havsutsikt.
Två platser finns kvar på grusplanen
och det är långt till nästa nattparkering.
Under högsäsong är det trångt om saligheten,
och de mest erfarna kommer i god tid.

Vi håller oss på avstånd från nattsuddarna
och vi undviker hundar och småbarn.
Korvkiosker och motorcyklar drar vi oss undan
och hoppas på att bilar kör sakta förbi.
Festivaler och svensexor får gärna avstå,
medan ett mindre åskväder kan passera.

Allt jag önskar är en lugn natt med god sömn.
Drömmarna vill jag inte gå miste om.
Under natten kommer frågorna jag väntat på:
Var är jag och vart är jag på väg?
Hur kom jag hit och vem har jag blivit?
Längst inne i husbilens livmoder
blir jag till på nytt varje morgon.

## Dagsresa

Man behöver inte vara blind
för att åka tåg mellan Arvika och Stockholm.
Men det kan vara skönt att slippa se
allt som skulle kunna vara annorlunda.

En resa blir inte alltid som man tänkt sig,
och tidtabellen håller inte alltid vad den lovat.
Men spåret ligger där det ligger
och möten sker på bestämda platser.

Vi kanske aldrig kommer fram till målet
som står tryckt i biljetten med versaler.
Kanske hamnar vi någon helt annanstans
för att just den här resan hade utgått.

Man behöver inte vara blind
för att missa sin destination.
Det räcker med missad kaffebeställning
mellan lokföraren och konduktören.

# Bänkpress

På rygg under skivstången
ser världen ganska enkel ut.
Samma gamla tiokilosvikter
som när vi gjorde marklyft.

När jag greppar stången,
flyttar tyngden över bröstet,
slår hjärtat oväntat fort.
Lungorna håller andan.

Känner mig släkt med Atlas
som bar världen på sina axlar.
Han hade inga medhjälpare
ifall något skulle gå fel.

Jag har tre pålitliga vänner
som står beredda att rycka in
när jag inte orkar bära själv.
Vi bär livet tillsammans.

## Träningsvärk

Det är någon som bär omkring på vikter
när träningspasset är avslutat,
och vi andra pustar ut med en kopp kaffe.

Tolv kilos Kettlebells slamrar runt
i armarna på en som behöver träning
för värk i axlar och ryggmuskler.

Vi tycker att vi är färdigtränade
men han har nyss börjat sin runda.
Smärtan klingar av för varje steg.

Kanske började vi försent att lyfta vikter,
när ryggen började signalera molvärk.
Det är aldrig försent att börja om.

## Luftboll

Det ska väl inte vara så svårt
att hålla en boll i luften när vi är många.
Straffet när bollen går i golvet är hårt.
Tio squats ger mjölksyra i lårmuskler
och var det inte samma person
som missade även den här gången?

Efter varje bestraffning kommer skulden.
Inte får jag sabba laget en gång till,
det är någon annans tur för snedträff.
Vi satsar hårdare, bollen flyger högre,
rakt uppåt mot lamporna, inte i golvet.
Ju mer vi tar i, ju sämre fungerar spelet.

Sakta lär vi oss att det inte är styrkan
som får bollen att hålla sig flygande.
Det är kontakten med varandra i gruppen,
när jag tänker mera på oss än på mig själv.

# Marklyft

Axlarna! säger tränaren med skarp röst.
Lyft inte med axlarna utan med lår och mage.
Håll stången nära benen och luta bakåt.
Håll stången rakt över huvudet
och kom fram med öronen och sträck ut.

Inställningen med bakåtrullade axlar
redan innan fattningen på skivstången
är det som avgör hela lyftet.
Men att behålla inställningen hela vägen
är den största utmaningen i övningen.

Det mesta i livet handlar om inställningen
före någonting alls är påbörjat.
Jag lyfter inte skivstången enbart med muskler.
Lyftet har redan skett i tanken långt innan.
Vi ser oss själva som vinnare eller förlorare.

# Roddmaskin

-Jag körde vilse i vassen, sa en av roddarna.
Vi andra rodde på grund och upp på land.
Efter några rundor på maskinen
fick vi upp farten och styrde ut mot öppet hav.

Man hinner tänka många sjömil
medan kalorierna förbränns i jämna årtag.
Morfars eka var tung och klumpig
men lättstyrd genom älvens djungelkrökar
och ut mot fjärden vid sågverket.

Då tänkte jag inte på kalorier och minuter
för att få hjärtat att slå fortare
och magmusklerna att väckas till liv.
Målet var alltid dolt i färdriktningen,
blicken alltid fäst vid bryggan.

Tar vi ögonmärke i våra minnen
når vi säkrare målet för vår strävan.

## Cykelterror

Bakom min rygg vrålar en motor igång
med full kraft så att hantlarna skallrar
och viktplattorna studsar i travarna.

En av de yngre atleterna pressar sig
till gränsen för sin förmåga att uthärda.
Straffcykeln är en elak motståndare.

När vi andra tar plats på cykelsadeln
känns det som en behaglig tur på landet
tills vi får upp farten och motståndet ökar.

Känslan av uppförsbacke och motvind
kommer från ingenstans och överraskar oss.
Den lättköpta segern fick punktering.

## Studsmattan

Känslan av viktlöshet skrämmer oss
när vi sitter och halvsover i flygplanet
och luftgropen väcker oss till fasa.
Kaptenen ber oss återvända till våra säten,
kaffevagnen rullar tillbaka till köket
och vi kollar våra säkerhetsbälten en gång till.

På studsmattan upphör tyngdlagen
gång på gång med skyddsnät runt omkring.
Det som skrämmer den vuxnes trygghet
lockar barnets behov av att spränga gränser.
Så många lagar att testa under ett liv,
och så många skyddsnät att sakna.

## Umbriska berg

Längs de sämsta vägarna
ligger de bästa rastställena.
Vi stannade på en mötesplats
där vägen gjorde ännu en
av tusen tvära krökar.
Trasig asfalt med djupa skrapsår.

Milsvid utsikt över blånande berg.
Byar klättrar djärvt på kullarna
likt försvarsanläggningar
mot fienden från norr och söder.
Idag mullrar inga kanoner,
fredliga turister söker viloplatser.

Det tog tid att steka fläskkotletter
bland de umbriska bergen.
Vi hade inte bråttom att åka vidare,
stekoset blandades med kryddningen
av markernas rosmarin och timjan,
dofterna från pinje och cypress.

# Greve

Den lilla orten Greve i Chiantidalen
har en avgiftsfri husbilsparkering
där alla platser snabbt blir upptagna.
Med våra hopfällbara Brompton
cyklade vi omkring längs bygatan
tills vi hade sett allt som fanns att se.

Vi lärde oss att viner kan likna Chianti
med den bastklädda runda flaskan,
men kommer inte från ortens egna vinhus.
I Greve dricker man inte billigt vin
ur enkla lantliga flaskor med bastkjol.
Äkta viner ska inte ha falska kläder.

Den svarta tuppen visade vägen
till de goda lokalproducerade vinerna.
Etiketten gjorde oss helt säkra
på att vi hade hittat in i Chiantidalen.

# Böneljus

Den ortodoxe prästen rättade till ljusen
som trängdes i den förgyllda hållaren.
Hans kyrka var i stort behov av böner
och räknade man de gula vaxljusen,
så hade han en bedjande församling kring sig.

Ikonerna var slitna och sönderkyssta
av längtan att moder Maria skulle bära
allas hälsningar till den osynliga världen.
Det gick trögt med offrandet i kyrkan
och församlingen kanske hade det för bra.

Kyrkans tak var i stort behov av omläggning
och fuktskadorna på väggarna behövde lagas.
Själv var hans prästrock sliten och knapplös,
men hatten var det inget fel på.
Han tände ett eget ljus för världens synder.

# Myller

Athen myllrar av människor,
röster, dofter, kyrkklockor,
hundar och katter, bilar och mopeder,
tiggare och portföljbärare,
poliser och präster.
Alla har sitt liv att leva.

Det är trångt på trottoarerna
när alla ska fram samtidigt.
Vi har lärt oss att inte vara för artiga,
och inte heller för framfusiga,
alls inte aggressiva så det stör,
och på inget vis särskilt snälla.

I Athen glider vi förbi varandra
utan att ställa till problem.
Vi förvånas inte över något,
och sträcker stolt på nacken.
Alla vet att ingen är perfekt,
och vi övar oss varje dag i tålamod.

# Adriatiska havet

Vi simmade i det starka middagsljuset,
ut från stranden och drivveden.
Bort från den trafikerade vandringsleden
Där oroliga andar trampar fram och tillbaka.

Snäckor berättade om resor till havs.
Vi plockade en ficka full med sjöminnen
där alla skal på håll liknar varandra,
men ingen egentligen liknar någon annan.

Från havet liknade stranden mest ett vrak.
Master reste sig bland rester av bord och roder.
Det som en gång var sand och pinjedungar,
Är nu hamn för vinddrivna, rastlösa själar.

Har människan också blivit ett tomt skal,
likt snäckan som glittrar död i sanden?
Någon kommer och tar oss med till samlingen,
av vackra etuier som väntar på ett innehåll.

# Konstföredrag

Jag höll ett konstföredrag
på Silvénska Villan en kväll.
Plötsligt stod de gamla lärarna omkring mig;
Arne Isacsson, Björn Melin
och Olle Ängqvist från Gerlesborgsskolan.
Det var svårt att få tyst på dom.
De hade så mycket klokt att berätta i mitt öra.
Hoppas att dom inte störde publiken för mycket.

Nästa gång jag kom till utställningen
väntade de på mig i vestibulen.
Påminde mig om händelser jag glömt,
visade på målningar jag inte längre minns.

Lärare sätter djupa spår i konstnärssjälen.
Några hjälper oss att gå framåt
till det vi en gång drömde om.
Andra ställer sig i vägen för oss,
frågar om vi inte ska ägna våra liv åt annat.
Våra sinnen var öppna för nya intryck
då själen drömde om ett liv med konsten.

## Skidspår

Någon har åkt skidor i vår promenadskog,
där vi brukar stava oss fram mellan granarna.
Nu skäller en ordningsman ut sin ilska på oss
för att vi klampat fram och förstört spåren.

Ska det vara så svårt att bete sig rätt
i en gammal hederlig värmländsk skog?
Alla kan väl få gå som dom vill
utan att bli kränkt av den som är annorlunda.

Ännu har inte skogen klagat på oss.
Det kanske bara är sura röster inne i mössan.
Hundarna bryr sig inte ett skvatt
om att människan trampar i deras spår.

## Vintervila

När man har en katt i knät
och en bra bok att se fram emot
går det lite lättare att stå ut med vintern.

Trädgården har gått till vila under snön,
katten vägrar att gå ut
och gångvägarna är plogade och grusade.

Det får bli en promenad under gatlyktorna
i våra kvarter där vi går som älgen;
samma stigar varje dag så vi hittar hem.

## Branäs

Uppe på Branäsberget ser jag
herrar i min egen ålder på skidor.
Utrustningen är en uppvisning i dyr smak
men inte särskilt bra för utförsåkning.

Vid skidorten Arachova norr om Athen
syntes samma herrar, lika gamla som jag,
med något yngre damer i snygga jackor.
De har aldrig stått på ett par skidor.

Utrustningen låg kvar på biltaket
medan utförsåkarna satt på kaféerna
och lät sig beundras för dyra bilmärken
och märkeskläder från Fina Butiken.

Vi köper oss lite ungdomlighet på berget
men vi vill inte bli avslöjade i backen.
Det räcker med att sitta nära trottoaren
så att alla kan se vilka alpina stjärnor vi är.

## Skidbacken

Mina första tunga slalompjäxor
hade snörbindning i två lager.
Första slalomskidorna hade läderremmar
och en vridplatta under hälen.
Tåbindningen löste ut vid minsta isvall
och bindningarna måste lossas i backen.

Repliften i Rackstadbacken slet på vantarna.
Ett handfäste bakom ryggen hjälpte.
Några sekunders glädje nerför branten,
sedan samma slit för att komma upp igen.

Nu beundrar jag barnbarnen i Branäsbacken.
De lär sig fort och har bra utrustning.
Det är hög tid att köpa nya slalomskidor,
pjäxor och en bra hjälm när jag ramlar.
Om jag skyndar mig, hinner jag börja åka
innan barnbarnen väljer de svarta pisterna.

# Gamla hus

Det är dyrt att lägga om taket
på ett K-märkt gammalt hus.
Fasadfärgen står angiven i arkiven
och vi får inte ändra på originalet.

Staden förändrar utseende varje år.
Nya byggnader tar form längs vattnet
där ljuset och solspegeln höjer priset.
Snart finns inga strandpromenader kvar.

Den gröna staden med lummiga ekar
får allt svårare att hävda sig mot sjöblänk.
De gamla träden som skapar rum,
står ensamma kvar vid tomrummets stränder.

## Tippen

En resa till tippen är alltid omvälvande.
Vi tror att det gamla köket är slut
och badrummet har sett sina bästa dagar
men containrarna i Djupdalen är stora.
Allt som slängs försvinner inte.

Vi kastar våra minnen i flaket för brännbart
där allt hamnar som vi kallar osorterat.
De stora berättelserna hamnar i Grovt Trä,
där släggan rullar fram och tillbaka
för att mala ner våra historier till flis.

Just när vi släpper taget om vårt förflutna
kommer det tillbaka med full kraft.
Allt blandas med allt i en enda sörja,
och vi kan inte fiska upp det igen.
Vi ser oss inte om när vi reser därifrån.

# Finissage

Många ser fram emot det som kommer efter.
After ski. After work. After noon.
Vi pratar om barnbarn som livets efterrätt
och en käresta som efterlängtad.
Men vi pratar inte så gärna om eftermäle.
Där går en känslig gräns i livet.

Det får inte bli för mycket efter,
för då försvinner det som faktiskt är.
Livet handlar ju om allt däremellan,
när dagarna rullar på en i taget.
De ramade tavlorna på utställningen
vill inte plockas ner för tidigt.

Mellan vernissage och finissage
hänger målningarna på väggarna.
Skapar möten och samtal om konst
och allt det där som pågår inom ramen
för det underliga som vi kallar livet.
After art blir en tom spik på en vägg.

123

## Nattens isbrytare

Nu fryser snart sjöar och älvar,
men isar kan brytas
rännor kan öppnas
ut till den stora världen
in till det varma hjärtat.

Nu tinar snart tankar och känslor,
med ord som kan smälta
och ögon som ser
ut till det annorlunda,
in till det mest privata.

Nu startar nattens isbrytare
sin färd över inloppet
till stadens hjärta,
ut till de sjömärkta,
in till de fastfrusna.

## Traditioner

De gamla mästarna ser oss,
från porträtten på väggarna.
Vaxade mustascher, kammat hår,
för att passa guldramen.

Vi oramade känner oss moderna
men behåller det gamla språket
och de uråldriga ritualen
som öppnar tidlöshetens rum.

Så för vi traditionerna vidare
från generation till generation.
Själva blir vi länkar i en kedja
där alla en dag kan bli mästare.

# Vimplar

Vi planerar för den stora festen
när gästerna förväntar sig
överraskningar och galna upptåg
mitt i allvaret och eftertänksamheten.

Lokalen behöver lite hjälp på traven
för att den lätta känslan ska glittra.
Vi syr vimplar som ska segla
under takbjälkarna i den gamla logen.

Små segel som fångas av vinden,
styr ut på de stora världshaven.
Redo att möta storm och stiltje.
Ett segel för varje vind.

Små flaggor som signalerar fred
till mötande fartyg på oceanen.
Signalisten ser på långt håll
nya meddelanden som hissas.

Små utropstecken av glädje
bara för att glädjen behövs.
Vi planerar för den stora festen,
med glädjekorn på ett snöre.

## Övergångsställe

Jag åkte med buss nummer fyra idag,
och såg på långt håll en liten tant
som hade fastnat halvvägs över gatan
på övergångsstället vid Lidl.

Hennes rollator kanade i halkan
och det växte ju en så lång bilkö
som tyckte att hon borde bestämma sig
om vart den lilla damen var på väg.

Då klev passageraren i den första bilen ur,
gick fram till den äldre kvinnan,
bjöd henne armen och de vandrade
lugnt över till den andra sidan.

Hennes utseende sa mig
att hon kom från ett sydligare land
där bilarna är fler och kör fortare
men äldre människor har större värde.

## Lysande älg

Det blev en liten högtidlig ceremoni
i den stora vitkalkade katedralen.
Släktingar hade rest lång väg,
vänner hade kommit från hela Värmland.
Fanvakten saluterade sitt befäl.

Den lilla lysande älgen från Clas Ohlson
fick stanna hemma den här dagen.
Alldeles för många färger för kyrkan.
Enkelt vitt är tillräckligt festligt,
till och med för en älg mitt på bordet.

Med armarna om varandra mindes vi
de stora händelserna och de små.
Kaffestunderna bland fjällbjörkarna,
hyvelspånen i snickarboden
och alla samtal om livets stora glädje.

## Blodsmak

Det finns träningspass för pensionärer
när klockans minutvisare inte orkar upp
till sitt eget personliga tidsrekord.
Sextio minuter blir bara femtiotvå,
sedan börjar hon gå baklänges på pin tji.

Vi ligger inte på latsidan i boxen
och vi behöver inte vara ögontjänare,
men det finns gränser för hur mycket
de stackars lårmusklerna tål.
Vi betalar ju för en timmes plågor.

När tiden är ute och vi inte orkar mer
blir vi faktiskt ganska stolta och glada
över att vår tränare tror på oss gamlingar
när åderbråcken värker för varje steg.
Åldrandet hålls på en armhävnings avstånd.

## Hög puls

Ta nu inte den lättaste kettlebell, sa tränaren,
och höll ett öga på oss borta vid redskapshyllan.
Går det för lätt får ni ingen utmaning
och det ska kännas när ni gör era squats.

Allt kändes bra till en början.
Knäböj och rak rygg med extra vikt
var inga stora problem att hantera.
Andningen och pulsen däremot kom i otakt.

Under åren har jag tränat på tunga jordsäckar
och burit flera barn på armen.
Men det var längesen som det kändes lätt.
Nu börjar träningen för att orka bära matkassen.

# Väntrum

Det bidde bara en tumme.
Även små kroppsdelar kan göra ont.
När tummen inte fungerar som den ska
blir hela kroppen halt och skev.
Stora maskiner krävdes för att undersöka
om det satt en liten metallflisa under nageln.

I väntrummet satt en gammal dam i rullstol
och väntade på sin tur att röntgas.
Hon fanns inte med på patientlistan
och ställde inga krav på att det skulle gå fort.
Hennes assistent satt gärna en timme till.
-Jag har betalt för det här, sa medhjälparen.

-Vem är det som betalar dig för det? tänkte jag.
Kösamhället är till för de unga som bråkar
och tar sig fram med vassa armbågar.
Att bli gammal och vänta på himlen
öppnar inga dörrar till röntgensalen.
Undrar vem av oss tre som hade störst problem.

## Röntgen

En bra fotograf vill ha intressanta motiv
där man kan se innehållet i ett ansikte
som en spegel för vad som gömmer sig bakom.
Ytan är inte särskilt intressant,
om den inte berättar något mer
om vad som döljer sig bakom ögon och läppar.

Min röntgenfotograf tog sig gott om  tid
att hitta bästa vinkeln och minsta ytan
för att möjligtvis se in bakom skinn och ben.
När han hade ställt in skärpan och bländaren
gick han bort och lämnade mig ensam
med min inflammerade röda tumme.

Han var nog trött på alla fingrar och armar,
lårbenshalsar och vrickade fotknölar.
Det blev inget vackert porträtt av min tumme
och inte syntes det något skräp under ytan.
Det finns ingenting där inne, sa sköterskan.
Men det som inte syns gör väldigt ont, sa jag.

# Räkbåten

När isen lagt sig i Inre Hamn
får hon stanna kvar vid kaj.
Stella Polaris har ingen ångpanna
som får grannarna att klaga
på den svarta skorstensröken.

Räkbåten har en dieselmotor
som inte måste bygga ångtryck
innan fartyget kan lägga ut.
Det är som att köra lastbil
utan hjul och stort flak.

Stella Polaris lastar salta räkor
och hungriga människor
som vill se skärgården
medan man dricker vitt vin
när isen släppt taget i Inre Hamn.

# Båtbussen

En stor grupp människor väntade på kaj
för en tur med Storholmen, ut till skärgården.
Hon är inte den vackraste i flottan,
men har en stor salong och servering.

Inlandsbanan som passerade Arvidsjaur,
där gamla ånglok drog runt sommarturister
genom myrmarker och genom småskog.
Frågade om man brukade ta en tur med tåget?

-Det händer väl någon gång, sa en bekant.
Inte finns det något att se längs banan,
och inte är det särskilt bekvämt att sitta.
Men de har fullständiga rättigheter ombord.

# Karl

Sjöfarten på Vänern är ingen lek på vintern.
När sunden fryser till och inloppet stängs
är det Karl som bryter ränna in till kaj.
Isläget är ansträngt men under kontroll.

Medan isbrytaren knäcker flak i hamnen
strejkar hamnarbetarna längre ner längs älven.
Nya avgifter läggs på fartygslasterna
och det låga vattenståndet hindrar full lastning.

Karl vet att inloppet måste rensas varje dag
liksom vi borstar tänderna för att motverka
karies och tandsten i den vita emaljen.
Men angrepp kommer när vi minst anar det.

## Långlina

Den tidiga timmen innan gatlyktorna slocknat
går vi en promenad, hunden och jag.
Nordanvinden har snö i famnen
och plogbilen kommer även på söndagar.

Vissa saker kan inte vänta.
vi går förbi dagis, genom skogen.
Bra att jag tog den orangea långlinan
när mina armar inte når in i skogen.

Det ljusnar sakta när vi kommit in i värmen.
Frukosten smakar bättre efter promenaden.
Hunden är pigg men jag är trött,
sällan behöver jag långlina numera.

# Broddar

Det var ju bara gamla människor
som använde broddar i halksnön,
tills jag tappade fotfästen på isen
som gömde sig under snötäcket.

Nu tar jag gärna på mig broddarna
och använder stavarna på promenaden.
Det går inte att se var isen gömmer sig
när snöplogen har glattat till vägen.

Jag har blivit rädd om handlederna,
aktsam om höfter och ryggslut.
Litar inte längre på grusbilen.
Väljer att köra dubbat runt om.

# Jogga

Det är så mycket som sitter i huvudet,
och säger att "-det här går inte."
Jag känner mina knän och de vill inte,
hur mycket jag än tvingar dom.

Det var tjugo år sedan jag sprang
för att förbättra konditionen och flåset.
Då var det inga problem med artros
eller femton kilos övervikt kring magen.

Idag springer jag på övergångsställen
när jag chansar och går mot röd gubbe.
Då lyder minsann benen och knäna.
När jag verkligen försöker, så går det.

## Blankis

Det är bara femton meter till postlådan,
men varje steg är en balansakt på blankisen.
Det droppar från snön på taket
och gatan är grusad men oplogad.

Katten sitter på tröskeln och ser på eländet,
vill inte sätta sin fot utanför stugvärmen.
Hon förstår inte varför man ska riskera livet
för något som står i tidningen just idag?

Fot för fot kommer postlådan allt närmare.
Jag håller mig i grindstolpar och bilspeglar.
Känner mig som en curlingspelare på hal is.
Stenen i boet, tidningen är hämtad!

Varför tog jag inte broddarna på skorna?
Hemvägen till dörren har inte ett gruskorn.
Isarna blir halkigare ju äldre jag blir.
Hoppas det står något läsvärt i tidningen.

## Snösvängen

Den som ändå hade klor som en hund,
när snön smälter och isen rinner under fötterna.
Letar gruskorn bland snöslask och isknölar,
men hittar fotfäste endast när jag står stilla.

Snösvängen kommer med storskrapan
för att städa i röran på villavägen.
Jag håller mig undan och siktar på en snövall,
där jag förhoppningsvis landar mjukt.

Det går fort att glömma höstens barmark
där kängorna fäster i utförslut och snedbacke.
Nu måste jag fästa blicken på varje steg
för att inte ramla och hamna på akuten.

# Kana

Klättringar uppför stegar och över bryggor
uthärdar vi utan att klaga eller gråta,
för att sedan vinna en personlig seger,
euforiskt känna två sekunder av tyngdlöshet.

Känslan av makten över elementen
följer oss troget genom hela livet.
I gungan ligger farfar med barnbarnet
och ser upp mot den snurrande himlen.

Var kom det oroliga illamåendet ifrån?
Och vem gav så högt fart på gungan?
Naturlagarna är bra att ha på sin sida,
när världen håller på att tippa över ända.

## Snösmältning

Februarisolen försöker få grepp om snön,
medan markkylan envist håller emot.
Nattens underkylda regn har frusit fast
i gångvägens betonghårda isparkett.

Det finns inga riktigt bra vinterverktyg
för att hjälpa våren till snar ankomst.
Slägga och spett är för brutala,
skyffel och borste för veka och klena.

Senvinterns nattisar mår bäst av sydvindar
och dagsmeja när molntäcket skingras.
Solen klarar av det vi inte mäktar med
under årets kortaste månad.

# Kull

Den lekande människan - homo ludens
kommer samman två gånger i veckan.
Idag lekte vi kull, med en som jagar
och den tillfångatagne bildar tunnel.

Fri att springa blir man när någon kryper
som en ivrig grävling genom tunneln.
Det sägs att leken var förstadium till kulturen
där människan blev sig själv och fredlig.

Äntligen får vi vara tioåringar igen,
springa så fort vi förmår, jaga och jagas.
Vi börjar få gamla knän och runda magar
men i leken blir vi bara yngre och friskare.

## Alla hjärtans dag

Arm i arm går vi försiktigt på isgatan,
utan stavar och broddar i halkan.
Vi har varandra att hålla i genom livet,
till stöd och fäste när marken gungar.

Arm i arm pratar vi med varandra
om dagar i medvind och motstånd
när hjärtat slagit på gränsen till för fort
men alla fyra kamrarna ännu samspelar.

Arm i arm ser vi på varandra
i glädje över att hjärtan fortfarande möts
i volter och dubbelslag en vanlig torsdag
när det ensamma gråvädret skymmer solen.

# Körledaren

Många toner vill komma in i matchen
när sångledaren efter långt uppehåll
återvänder till sitt stora körinstrument.
Stämband och diafragmor vaknar till liv.

Läppar fladdrar, tungor bläddrar ut och in,
lungor fylls och axlar rullar bakåt, bakåt
tills glada punkten lyfter oss mot läktaren.
Inne i skallens hålrum vaknar kampsången.

Lagledaren provspelar sitt instrument,
slår in altar och tenorer på mittfältet,
skickar ut de tunga basarna i backlinjen.
Sopranerna får fritt spelrum mot mål.

# Fläcksnö

Vi möttes på kustvägen vid Vänern,
två människor och två hundar
där ingen av oss kände varandra
och ingen ville ha någon kontakt.

Stor och avstängd matte tittade bort.
Liten och aggressiv hund morrade
för att skrika till den hemska omvärlden
att alla har sannerligen rätt att finnas till.

Det var inget läge för vänskap i skogen.
Den stora trygga labradoren väntade
tills den lilla rädda hundsjälen gett sig av,
kopplet lindat fem varv kring mattes ben.

Barmarken doftade efterlängtad vårdag
medan snödrivorna luktade gammal vinter.
Människans bästa vän kände parfymen
från den ännu avlägsna sommaren.

# Matvrak

Det fanns mycket gott om bord på matvraket.
Landdkrabbor beställde från menyn.
Det gällde att hålla sjötungan rätt i mun.

Inga passagerare fanns ombord den natten
när Matvraket lossade förtöjningarna
och styrde ut från kajen hos kung Karl IX.

Målet var Karibien tvärs över Atlanten.
Efter fem meter tog seglatsen äntligen slut,
i ett bottennapp där älvfåran djupnar.

-Inga fler beställningar!
Baren har stängt för gott.
Pumpa läns!

# Milspår

Spåren ritar vita krokstreck över myrarna
vid skidstadion uppe på Långberget.
De knotiga tallarna vrider sig i snön,
solen värmer rötterna, tinar snöskorpan.

Halvmeterdjup ligger snön över myren,
sista helgen i mars när Långberget stänger.
Morgonens skidspår raspar under skidorna,
innan dagsmejan smälter isen till snösörja.

Vi stakar oss fram över mossarna.
Litar på att de vallningsfria skidorna bär oss
uppför backarna och ger glid i utförslöporna,
tills armarna vaknar och hittar rytmen.

Tystnaden över myren får oss att stanna till.
Vi är långt borta från staden och vägarna,
där uppmärksamheten har faran i sikte.
Här vilar vi i andningen och hjärtslagen.

## Armtag

De romerska ringarna hänger i sina band
som svarta utropstecken på skaft.
Jag hivar mig upp med hela min tyngd
tills jag stöter ringarna i bröstkorgen.

När jag var liten stod jag och såg upp
mot mattstången som hängde mellan träden.
För liten och för kort för att nå upp
men drömde om att besegra min fiende.

Jag sa: -när jag blir en ängel en gång,
ska jag gå på mattstången!
Jordens gravitation var ständigt i vägen,
jag ville hänga upp och ner i knävecken.

Nu på ålderns höst står jag där igen
och ser upp mot min tysta motståndare
som envist utmanar mina gränser.
Ängel på mattstången blir jag aldrig.

# Dagsmeja

Morgonens frost gjorde skidspåren korniga.
Det frasade som av grovsalt under fötterna.
Mina vallningsfria skidor fick kontaktproblem.

I Torrevieja växte saltbergen vid dammarna,
lastbilarna kom och hämtade det vita guldet
för transport till nordliga landsvägar.

Under eftermiddagen värmde solen spåren,
dagsmejan förvandlade saltet till smör.
Dåligt glid men bra fäste i sladdriga spår.

Sista dagen i mars var spåren slutkörda.
Myrarnas smältvatten brunmålar banorna
medan snödjupet krymper över spångarna.

## Vårbruk

En liten trädgård kan ha stora buskar
som ger trygghet mot grannarna och gatan.
Vi vill inte se allt som händer bredvid oss,
häcken och planket gör oss lite mer privata.

Den lilla häcken blev en dag väldigt stor.
Vinterns blötsnö hade fläkt ut grenverket,
grönskan låg som en mössa på toppen
och inuti häcken gömde sig dödvirket.

Den rangliga häcken ansades med sekatör,
skelettet blottades på den solfattiga sidan.
Allt tydligare hördes häcken viska:
-klipp ner mig utan oro ända till marken!

Där stod jag med såg och busksax
och tvekade inför det radikala ingreppet
som skulle kunna göra häcken grön igen.
Något måste dö för att nytt liv ska blomstra.

# Födelsedag

Våra gränser är osynliga för oss själva.
Ena dagen är vi bara tolv år gamla,
nästa dag gratuleras tonåringen,
som om vi hade uppnått ett mål i livet.
Jag hade inte förändrats alls.

Våra gränser passeras utan giltigt pass
dagen vi fyller arton och kallas vuxna.
Inuti är vi desamma som dagen innan
när vi bara kunde längta efter körkort.
Det var som om livet nyss hade börjat.

Förberedelserna inför sextiofemårsdagen
var ganska lika som när jag fyllde arton.
Försökte få tårtkalaset och kaffe undanstökat
så att jag kunde gå in i min verkstad,
lägga färg på paletten och spänna en duk.
Det kändes som om jag nyss hade börjat.

Varje dag passerar jag den osynliga gränsen
mellan erfarenhet och förväntan.
Idag gratulerar jag mig själv till livet,
och önskar inget hellre än ett par skidor,
ritade på papper och fästade med tejp
på mina skor, i skidspår av tuschpenna.

*Springskor*

Sätt inte i hälarna först, sa tränaren,
låt främre delen av foten ge svikten.
Sedan släpptes vi ut på egen risk.
Nordanvinden drog kallt om benen
när vi i sakta mak sprang runt huset.

Det kändes som att pulsa i tung lössnö
när jag joggade på slät asfalt i medvind.
Fötterna mådde bra men mina knän värkte
och jag försökte att tänka på något annat
när mina ben fick syrebrist och stumnade.

När inträffade förändringen och stelheten?
Det var längesedan jag drog på träningsskorna
och sprang för att det var skönt i löpspåret.
Idag är utmaningen att springa utan smärta
och hitta min egen fart utan andningsproblem.

## Skolbänken

Det var inte samma skolbänkar som förr.
Under locket fanns mina böcker och skrivpapper.
Med vaxdukspapper var botten klädd,
det lilla locket gömde mina pennor och sudd.
I bänken fanns förståelsen av verkligheten.

Jag kände mig lite vilsen i skolan idag,
bland alla lärare som bytte av varann
från rum till rum i små och stora grupper.
Snabba byten mellan ämnen och lektioner,
undervisningen hinner inte bli långtråkig.

Skolbänken har blivit ett laboratorium,
där algebran studeras i mikroskop
och svenska ord dissikeras i små bitar
tills något finns kvar som kallas språk
för att hantera vår svårtolkade värld.

Det tar tid att smälta allt det nya,
med och utan egna skolbänkar.

# Växthus

Tvåtusen nyfödda nejlikor i krukor
kisar upp mot plexiglastaket.
På golvet i femmans växthus är det varmt,
rötterna sträcker ut tårna i luckerjorden.

Utanför kastar nordvinden is mot dörren.
Vintern håller i sig några veckor till.

Tvåtusen nyfikna nejlikor ser sig om,
sträcker på sig mot det bleka solljuset
som blir starkare för varje aprildag.

Så här års är alla växthus fulla av liv
i väntan på värmen som tinar jorden.
Långsamheten gör nejlikorna starka.

Jag håller nyplanterad nejlika i handen,
känner värmen från livet därinne,
lagrat solljus i näringsrik jord och vatten.
Jag tankar energi i det gröna nejlikhavet.

## Vårsång

Vi övar gamla svenska vårsånger i kören.
Erland på åkern och orren i fur´n
låter märkligt för sjungande nysvenskar.
Se hur de silvrade bäckarna små
hoppa och slå, hoppa och slå.
Vår nye tyske tenor sjunger med,
han hoppar och slår så gott han förmår.
Han är glad såsom fågeln i morgonstunden
och han spelar som lärkan och trasten
med hög och klar röst i sin stämma.

Gamla gardet sjunger utan att fråga
vad det är som spritter i buskar och grenar.
Vi tror att det kan vara en orienterare
som irrar omkring i villakvarteret
för att hitta sin skärm och sedan hitta hem
med vänliga armar kring tuvor och stenar.

## Elefant

En dag stod han där i surregnet,
elefanten med en presenning över ryggen.
Två schäfrar hade nyss kommit hem
och skulle bekanta sig med elefanten.
Det gick inget vidare, inte alls bra,
de gav sig iväg till skogs när vi tittade bort.

Jag sprang efter och letade överallt.
En stor elefant, klädd i en presenning
borde inte vara svår att få syn på.
Två skällande schäferhundar hör man
på långt håll mellan sommarstugorna.

Genom skogen sprang jag, långt och länge,
träffade kända och okända grannar,
några firade studenten med vita mössor,
de tyckte inte att min elefant var viktig.
Jag drömde att de försvann alla tre.

## Grinden

Den gula färgen späddes ut med terpentin
när nya grinden skulle få första strykningen.
Pappa viskade i mitt öra hur jag skulle måla:
-Torrgnid inte in färgen, måla flödigt, sa han,
och tänkte nog på färger av annan sort.
Linoljefärg kräver stort tålamod av målaren.

Första strykningen med nästan ingen färg alls,
tunt, tunt lager så att träet kan suga åt sig.
Linoljan i färgen behöver en vecka att torka.
Så länge orkar inte dagens penselstrykare vänta.

Pappa gillade inte mitt sätt att måla idag.
Han tyckte att jag snålade med färgen
och var rädd för att lagret inte skulle täcka.

När jag såg hur färgen fäste på solgrinden
och ådringen i trävirket lyste igenom,
berättade jag tyst för pappa om färgmängd,
sugförmåga, torktid och tunna strykningar.
Han svarade att det där visste han redan.

# Nikiforos fisktaverna

Havet ligger som en spegel
tidig morgon i Kolymbari.
Fisktavernan Nikiforos öppnar snart
med atherines och liten ouzo.

Fyra bläckfiskar hänger på snöre
över bänken där barnen leker.
Snart kommer kocken att tända grillen
för huvudet med de åtta benen.

Allt är en enda röra på bordet
av aubergine, ostar och fiskrom.
Vi sitter i skuggan under den starka solen,
tiden har vi lämnat bakom oss.

Söndagsmiddag på Herrhagen
vi drömmer oss bort till Kreta.
Fyra timmar tar flygresan till Chania
men vi har redan kommit fram.

# Skriv!

Skriv! sa poeten mellan dikterna.
Skriv det ni ser och tänker och känner
för det är inte många som gör det
nuförtiden när orden är många
men språket är tunt och glest.

De som är unga kommer en dag
fråga oss som varit med ett tag
vad som var viktigt för oss
och vad som var meningslöst.
Då är det kanske försent att svara
men idag kan vi reflektera och begrunda
med några enkla ord och meningar.
Ju kortare desto klarare och bättre.

Dikter blir minnen och klarsyn
om det mest viktiga som hände,
mitt i det mest vardagliga.

## Blinkskor

Fötterna växer fort på femåringen
benen blir längre för varje dag
resten av kroppen hinner inte med
växtvärken bultar i långa armar

Vi provade skor i fotbutiken vid torget
Spännen, remmar, draglås och snören
måste man klara själv när man är fem
Rosa, röda, silvriga och svarta skor
ska klara jord och vatten, lera och sand

Då landade de underbara från himlen
silverrosa springskor med små hjärtan
och det nödvändigaste av allt i världen:
små lampor som blinkar när man går

# Sommardäck

Sommarhjulen ligger travade i förrådet
som skorna längst in i klädgarderoben
Där har de vilat sedan sista resan i höstas
när Hildur rullade hem från Venedig
genom Brennerpasset och Innsbruck
mot den långa vintervilan i norr.

Tulpanbladen vinkar med gröna fingrar
aroniaträdet klär på sin ljusa klänning
blåmesen bygger i en av de nya holkarna.
Då vet sommarhjulen att tiden är inne
Hildur förtränger risken för snö och halka.

Vinterhjulen som fraktas hem känns lätta
de tar nästan ingen plats alls i skjulet
glöms bort som om de inte längre fanns
vem vill tänka på vinter och dubbdäck?

# Återvinning

Återvinningsstationen på skärtorsdagen
håller öppet både för troende
och tvivlare som vill lätta sina bördor
Utan att skämmas lämnar vi vårt avfall
i tron att någon förlåter våra synder

Det vassa riset skär ut ur säckarna
Skulle räcka till fem törnekronor
för morgondagens långfredagsgudstjänst
när Jesus drivs ut till Golgata
soptippen där avfallet ruttnar ner

Vid sista säcken med trädgårdsavfall
kommer Maria från Magdala gående
ropar mitt namn över containrarna
ser framtiden ljusna kring soporna
bortom påskens återvinningsstation

# Påskafton

Björkens gröna musöron tändes i morse
när solen vaknade över Kronoparkens vattentorn
Två rådjur kom svävande, intet ont anande,
tvärvände när en man med rollator
ångande styrde sin färd mot Konsum.
Bocken och hinden drog sig mot påskliljorna
sakta och tyst för att undgå radarn.

Mellan långfredag och påskdag väntade vi
på att ljuset skulle tändas och lammet slaktas.
I Gdohia på sydöstra Kreta skramlade herden
på väg upp i bergen till sina törstiga får.
Hans pickup gav en nära-döden-upplevelse
varje gång hunden hoppade upp på taket
återvände med flaket fullt av slaktfår.

Jordnära och himmelsrörda gick vi längs havet
som alltid vänder sitt ansikte till oss
i långfredagens stiltje och påskdagens storm.
Glädjevågor sköljde genom oss
när morgonen åter en gång grydde
och stenen som stängde sommaren
ännu en gång hade rullats ner i havets djup.

## Påskdag

Orgeln i Alsters kyrka är tungspelad,
lika trög som stenen som stängde graven
där Jesus väntade på ljuset i Öster.
Luckor öppnas i orgelhuset,
stämmor registreras inför preludium
till påskens och uppståndelsens psalmer.

Kantorn är tillbaks på orgelpallen
för att leda församlingssången
kören väntar på uppsjungning.
Påskljuset står och väntar i koret,
snart ska det tändas och vi ska ropa:
Kristus är uppstånden!
Ja, han är sannerligen uppstånden!

Utanför kyrkan faller säljens hängen
lägger sig som en ryamatta på vårgräset.
Åkrarna är gödslade, det luktar dynga
över brudpar och konfirmander.
allt är som det brukar vara i Alsterdalen.
Marken väntar på att få resa sig ur tjälen,
stenen som stängde ljuset är bortvältrad.
Livet uppstår återigen på jorden.

## Vårtecken

Det blir inte vår
förrän Knut på Västby har gått igenom isen.
Han hade bättre koll på gäddorna
och ryssjan än på sig själv.

Det blir inte vår
förrän Färjestad har klivit av isen.
De hade bättre koll på Djurgården
och publiken än på sig själva.

Det blir inte vår
förrän Martin har trillat ur kanoten.
Han hade bättre koll på vattenståndet i älven
och bryggan än på sig själv.

## Annandagen

Gamla järnvägen till Forshaga och Deje
är numera trafikerade av tvåhjulingar.
Vi mötte åtta gulklädda lagcyklister
som vägrade bryta tvålinjegruppen.

Två rullskidåkare stakade sig framåt
med armtag som piskade galärslavar
ensamma rollerbladekörare kämpade
med benen svängande som pendlar.

I backspegeln kom snabbcyklaren
som inte hann se vårbäcken i diket.
Svettiga löpare lyssnade på musik
och hörde inga fåglar i granskogen.

Vi trampade jämsides norrut till Ulvsby,
pratade om rörligheten och kraften
samtalet rullade lika lätt som cyklarna.
när vi höll samma tempo och fart

## Hängning

Uppspända dukar klär väggarna
när konstföreningen hängt färdigt
målningar som konstnärerna lämnat.
Konstverken finner själva sina platser.

Frågan är om konstnären ska hålla sig
inom de givna ramarna eller tänja gränser?
Vem vet vad den lokala konstpubliken
förväntar sig av den här utställningen.

Låg takhöjd och höga trappsteg i entrén
gör det gamla Gutenbergshuset i Mariestad
svårtillgängligt för rörelsehindrade.
Konsten är att ta sig in till konsten.

## Bröllopskläder

En bortglömd rulle råsiden
bar på en hemlighet
som ingen ännu hade sett

Mönsterpapperet klipptes till
såsom sömmerskan såg kläderna
provningen avgjorde längden

Det måste ju gå att dansa
och springa ner till älven
för ett sent bad i juninatten

Bröllopskläder festviskar
i tygskåpets väntrum
medan kärleksballader spelar

## Morgonyoga

Innan kroppen vaknat
sträcker vi långsamt ut oss
andas djupt med raka ryggar

Armarna blev korta under natten
liksom kostymen har krympt
på hängaren i garderoben

Knän och axlar mjuknar
vi drar och tänjer försiktigt
andas in åt vänster, ut till höger

Livet andas in i oss
fyller oss med vördnad
inför rörlighetens gränser

# Tyngdlyft

Jag läser små märken på skivstången,
tecken som är avsedda för handskrift
korta ryck för upplyftande noveller

Idag skrivs ett nytt kapitel i träningsboken
om hur jag lägger skivstången på axlarna
så att trycket fördelas över muskler,
om det finns några där över huvud taget.
Jag har då aldrig funderat tidigare
över var musklerna är utspridda i kroppen.

Mest har jag saknat styrkan på morgonen
när jag lutar mig över handfatet
för att tvätta ansiktet med kallt vatten,
då fattas många vakna kroppsdelar

Idag blev jag mest förvånad över lyftets
utmanande belastning på mina stela knän,
jag tog mig hem igen till utgångspunkten.

# Valborg

Innan valborgsbrasan tänds
trängs kyrkokören framför mikrofonerna
för att hälsa sköna maj välkommen
och sjunga bort sista snödrivan.

Innan valborgsbrasan tänds
håller prästen ett vårtal
om våren som öppnar samtal
i en bastu med sju nakna herrar

Innan valborgsbrasan tänds
mäter vaktmästaren vindriktningen
för att bedöma risken för skogsbrand
den varmaste aprilkvällen i mannaminne

*Bastu*

-Stäng bastudörren efter dig!
Det finns ordningsregler överallt,
även i herrbastun där vi trängs
svettiga och trötta efter träningen.

Vi har inget att dölja för varann,
magarna hänger över tunna lår.
Gamla operationsärr glöder i värmen
som bleka tatueringar över bröstet.

Bastun är biktbåset för slitna själar
som inte har något att skämmas för
när alla livsresultat är räknade
och alla medaljer redan utdelade.

# Kasta

Förr eller senare är vi där,
med våra personliga roller.
Några hamnar i en container
för klantaschlen, där är det fullt.

Under skylten pappskallar
är det lite plats kvar i bingen.
Men det fyller på hela tiden
med knasbollar och nötter.

Lådan för tokvända knäppgökar
har svämmat över kanten
marken kladdigt nersölad av
virrpannor som ska till metall.

Varje besök är ett träningspass
för vår egen återvinning
till det som vi ville vara
men som vi kastade bort.

# Grill

Fredagsröken rullar osynlig in
genom häckar, staket och buskar
sveper in kvarteret i exotiska dofter
med hälsning från andra världsdelar

Våra utsläppsrättigheter längs gatan
är obegränsade när helgen kommer
kring grillen värmer vi oss tillsammans
äter utomhus med tröja och mössa

Vi firar att det äntligen är fredag
slamrar med grytor och kastruller
dekanterar lådvinet i plastkannan
njuter av att lägerelden brinner.

## Svett

Det sitter ett svänghjul någonstans
gömt inne i träningscykeln
ingen har någonsin sett det
men alla pratar om det
som om det finns på riktigt

Svänghjulet vill oss antagligen väl
men just som vi blivit vänner
börjar det snurra åt motsatt håll
som en skrämd häst i sken längs gatan
barn och gamla slänger sig i diket

Vi kliver av eländet lika svettiga
som hästen där han stannat i hagen
med bara seldon och skaklar efter sig
kärran gick i spillror under färden
ingen kunde stoppa vansinnet

# Raps

Vi har kommit in i rapsfältens land,
åkrar böljar som flytande honung
slånet blommar längs vägkanten
täcker dikesrenen i vitt skum.

Under bokträdens silande grönska
går fasanen långsamt och funderar
över hur långt våren har kommit
när man hinner se allt som växer

Det vita kyrktornet reser vita väggar
upp mot de svarta hagelskurarna
som plågar häggens blomklasar
tills allt det vita faller till marken.

## Charken

Damen i den franska charkbutiken
berättar om sina pajer och suffléer
pastejer och skinkor darrar och skakar
ostarna ligger och jäser i sina fodral.
vi blir tårögda och börjar prata franska.

Kanske förstår vi inte någonting alls
av det som damen i charkdisken säger,
men vi tror att hon berättar om sina varor
som är tillverkade med kärlek
och lagrade med oändligt tålamod.

När vi stapplar meningsförsök på franska
vill inte riktigt alla orden följa med
och det blir några fumliga ursäkter
tills charkdamen föreslår att språket
fungerar lika bra enbart med fingrarna.

## Katedralmusik

I porten till katedralen i Belfort
spelade en grupp folkmusiker
på medeltida instrument

Vevlira, säckpipa och dragspel
har aldrig varit kyrkans instrument
rumsrena var orgeln och sången

Inne i den stora katedralen
spelade fem organister på två orglar
kyrkokören sjöng svåra sånger

Den musik som öppnade hjärtat
spelades i porten med ett leende
fick fötterna och själen att dansa

*Franska ostar*

De stora ostarna har väntat i hyllorna
på att lagringstiden ska vara över
och den kalla väntetiden ta slut

Nu träffas de igen, vännerna från Comté
som vilat i arton månader eller tjugofyra
för att smaken ska mogna till fulländning

Ostmästaren bär sina skyddslingar
med stolthet och bestämd varsamhet
som om de var hans barn med egna namn

*Pupillin*

Vinodlarna i den lilla byn Pupillin
har många mil att köra sina traktorer
luckrar jorden under vinrankorna

Mjölkbönderna i samma by
kallar hem korna till lagården
biltrafiken på bygatan får vänta

Vinerna och ostarna får sin karaktär
av jorden och klimatet vid Jurabergen
under långsam lagring i svala källare

## Servering

Invånarna i byn Ernst har nyss vaknat
koltrasten spelar för hörande och döva
utanför brödbutiken är det lång kö
limpa i papper och bakelser i paket

En servitris skriver ny dagsmeny
med krita på matsalens svarta väggtavla
charkuteriaffären hänger upp korvar
skär den rökta skinkan i tunna skivor

Första gästen har väntat hela natten
på att hovmästaren ska servera frukost
brödet och marmeladen kan dröja
tills dagens första öl är urdrucken

# Hoj

Friheten att köra motorcykel
med liten packning på bensintanken
håller ungdomsdrömmen vid liv

Armar och ben har blivit stela med åren
behöver rätas ut på en rastplats
innan känseln helt försvunnit

Efter en halvtimmes vila
när motorer och däck svalnat,
har blodet återvänt till händer och fötter

Tre ryttare kliver upp på sina hästar,
greppar tygeln, kickar in ettans växel,
rider ut på den asfalterade prärien

*Werner*

Det är genom misstagen man lär sig
tänkte vi när vi lämnade vinodlaren Werner
i hans lilla källarbutik i Moselbyn Neef

Vi bad om att få prova hans Riesling,
han hällde upp två fyllda glas,
av artighet köpte vi ett par flaskor

Werner tände en cigarett och skrattade
när han tog överbetalt för sitt sura vin
vi kände oss lika korkade som flaskorna

*Staden bär på minnen*


Blåsorkestern spelar på torget
i den gamla staden Fritzlar
helgens marknad samlar mycket folk
som äter bratwurst med brötchen
till tonerna av We Are The World

Musikerna är klädda i lederhosen,
rutig skjorta och vita stumpor
Dirigenten visar när de ska börja spela
och när det är dags att sluta
alla kan sina stämmor utantill

Hornmusiken ekar mellan korsvirkeshusen
som den har gjort i hundratals år
i staden där inte mycket har förändrats
under katolska kyrkans tondöva grepp
om moralen hos invånarnas själar

## Kiosken

I natt stod vi vid den stora floden
där färjan tar alla till andra sidan
trots hårda strömmar och vindar.

Medan pråmar stånkade förbi
serverade lilla kioskhytten pilsner
och jaegerwurst med senap.

Rhen är gränsen till Alsace.
Vi kör mot Belfort på väg till Poligny,
där ostarna föds och växer till.

## Mosel

Floden Mosel slingrar sig fram
genom urgröpta skifferberg
hon flyter norrut mot Koblenz
där vattnet rinner ut i Rhen

Tyngda pråmar trängs i kurvorna
ökar farten på raksträckorna
bromsar in vid slussarna
radarn spejar natt och dag

På bergssidorna växer vinet
skifferjorden fördelar vattnet
släpper mineraler till plantorna
lagrar solljuset till druvorna

Traktorer trängs med vinstockar
uppför de branta sluttningarna
i källarna i byns många Weingut
trängs turister med korkade flaskor

Vatten bär ljud långt i dalgången
pråmarna ekar över flodvägen
jorden klamrar sig fast i terrasserna
vinstockarna lyssnar efter regn

## Gränstrakt

Längs Rhen går den gamla gränsen
mellan Tyskland och Frankrike
där land bytt kejsare fram och tillbaka

I den lilla remsan Pfalz är ölen inte billig
och vinet har sin motsträviga karaktär
i skuggan av det söta Alsacedistriktet

Gränstrakterna har alltid markerat revir
i den goda viljan att bevara sin identitet
när det mesta är sig likt på båda sidor

## Pråmar

Pråmarna strävar envist motströms
i glesa karavaner på floden Rhen
lilla färjan lastar ett par bilar åt gången
och kör över till Pfaltz på andra sidan

Färjan driver snabbt med strömmarna
medan motorerna styr mot bilrampen
där klossarna får fäste i uppfarten
håller bilfärjan på plats i strömmen

Vi har parkerat Hildur vid Rhen för natten
tillsammans med sju andra husbilar
som har hittat till den hemliga ställplatsen
långt från köerna på fyrfiliga autobahn

Discobåten skränar förbi som en flock kajor
fartyget dånar med något som liknar musik
strålkastare roterar över det svarta vattnet
ombord dansar partyfolket i grönt ljus

## Vägbygge

Det går inte fort på tyska autobahn
när gamla slitna vägar byggs om
medan långtradarna kryper fram
utan slut i den överfulla högerfilen

Mellan metallräcket som skiljer bilarna
från de utomjordiska grävmaskinerna
och den hårda väggen av lastbilar
håller vi jämn fart med hög precision

Vägbyggarna på tyska autobahn A7
har ställt upp för fotografering
stolta över att arbetsmoralen håller
när kostnader och tidsplaner spricker

## Vinkällaren

Längs väggarna i vinkällaren
vilade de stora handgjorda ekfaten
i väntan på tappning på flaska.
nya tomglas väntade på vin.

Andaktsfullt som i en kyrka
samlades vi kring det lilla altaret
där vinmakaren berättade evangeliet
och vi delade en enkel måltid

De gamla historierna ligger lagrade
under täcket av spindelväv
nya historier bär vi med oss hem
till vänner med jorden och solen

## Språkträning

Behöver ni hjälp med en slang?
frågade ett vänligt franskt par
på en ställplats för husbilar i Belfort.
Tack, det går bra ändå, sa vi.

Behöver ni en slangkoppling,
sa det franska paret på engelska.
Vi klarar oss med vattenkannan, sa vi.
Ska bara fylla på med ett par liter.

Sedan pratade vi om staden
som de kände väl och bodde nära.
De berättade om Bretaigne i väster
där man gillar husbilar ändå mer.

Varifrån kom våra förutfattade meningar
om fransmän som bara pratar franska
och som bara intresserar sig för landsmän,
när det glädjande är helt tvärtom.

## Spritlager

Calles kundvagnar räcker inte till
för alla vinboxar och ölflak
som samsas med billigt gin i box
och stora literflaskor med whiskey.

Hos Calle i Burg väntar fulla lådor
i staplar från betonggolv till plåttak.
Alla kunder firar jämna födelsedagar
och förbereder bröllop och jubiléer.

Spritbussen från Säve startade klockan fem
och är hemma igen klockan nio på kvällen.
Det tar på krafterna att bygga spritlager
när man måste hämta hem råvarorna själv.

## Silbodalsälven

När jag var sju år var världen liten,
men allting var väldigt stort.
Pråmarna som stönade in i älven
till Falks mekaniska verkstad
var stora som den odödliga Titanic.

När de stakade sig förbi Kupan
med motorn på tomgång
var det dagens eller veckans händelse
det fanns inget som kunde mäta sig
med pråmarna som kravlade förbi.

Idag mullrar pråmarna på Mosel
med kraft och precision förbi Breem
förbi Neef och Cochem på väg
till Koblenz och vidare ut i Rhen.
Men de slår inte pråmarna vid Kupan
som stakade sig in i Silbodalsälven.

## Återhämtning

Rörligheten har sina gränser
som känns efter en WOD på CrossFit
tröttheten hänger blytung i magen
träningsvärken är smeknamnet
på den dagliga återhämtningen.

Men kroppen fungerar och svarar
på utmaningar och belastning
bortom den förnuftiga gränsen
där gruppens gemenskap flyttar
det omöjliga till genomförbart.

När rörlighetens gränser flyttas
svarar kroppen med varm glädje
över att det aldrig är försent
att sätta den egna världen i rörelse
så att livet än en gång föds på nytt.

# Efterord

En del resor planeras långt i förväg medan andra sker på impuls. Lusten att resa till havet drabbar samman med glädjen över att se växter slå rot och ta fart i trädgården. Antagligen har vi både jordbrukaren och nomaden inom oss. Den bofaste och vagabonden.

Vi har nog en önskan om att livet kan kontrolleras och vägen framöver är förutsägbar och trygg. Men en resa med husbil är något annat. Möjligheten att välja mellan stanna och slå läger eller bryta upp och resa vidare finns hela tiden. Det oförutsägbara skapar en lyhördhet och öppenhet för det som händer längs vägen. Magkänslan styr och planeringen görs om hela tiden beroende på väder, vind och små skyltar längs färdvägen.

Rörlighetens gränser handlar om hur öppna våra sinnen tillåts vara och hur vår tidsuppfattning mer handlar om kvalitét än kvantitet. Vi mår bra av att röra på oss, både i en motionshall och längs kända och okända vägar.

Att motionera tillsammans med andra i samma ålder och med liknande behov att röra på sig, hjälper till att träna kroppen även när man är trött och helst vill ligga kvar i sängen. Vi stöttar varann till att stimulera rörlighetens gränser.

## Om författaren

Gunnar Lidén, född 1950, är värmlänning och bosatt i Karlstad. Att rita har varit ett vardagligt uttryckssätt sedan barnsben. Pappa Erik, som var konstnär, uppmuntrade tecknandet och lusten att skapa bilder. Skrivandet kompletterar teckningarna och ibland kommer en bild först och texten följer som en berättelse kring bilden. Ibland är det tvärtom. Texten kommer då först och bilden växer ur orden. Att berätta i bilder har Gunnar ägnat sig åt de senaste åren i flera diktböcker med egna illustrationer. Teckningarna är oftast hämtade från vardagshändelser som på olika sätt gjort intryck och behöver en tolkning och en kommentar.

Flera av Gunnars dikter har blivit tonsatta och uppförda i körsättning. Ett dussin russin, Stjärnans färd, Frihetens band och Sånger från balkongen är sådana körverk. Dessa texter finns i boken Omvägar hemåt.

Gunnar är medlem i Sveriges Författarförbund och Värmländska Författarsällskapet samt Svenska Tecknare.

*Kulturstugan*

Kulturstugan är Kicki och Gunnars bolag med ett blandat innehåll. Vi har gett ut böcker och musik-CD med egna produktioner. Konstutställningar och program-kvällar med musik, dikt och bildspel har fått plats i vår verksamhet. Vårt nya karlstadmönster har blivit tryckt på textila produkter, brickor och skärbrädor. På vår webbsida berättar vi mer om vilka vi är och vad vi gör.

www.kulturstugan.se